Ayman Al Armouti
Huda Iqbal
Adil Alshezawi

Nature de la gestion de la qualité à l'UNB / EAU

AF154852

Ayman Al Armouti
Huda Iqbal
Adil Alshezawi

Nature de la gestion de la qualité à l'UNB / EAU

ScienciaScripts

Publisher:
Sciencia Scripts
is a trademark of
Dodo Books Indian Ocean Ltd. and OmniScriptum S.R.L publishing group

120 High Road, East Finchley, London, N2 9ED, United Kingdom
Str. Armeneasca 28/1, office 1, Chisinau MD-2012, Republic of Moldova, Europe
Printed at: see last page
ISBN: 978-620-7-39528-6

Nature de la gestion de la qualité à l'UNB / EAU

Fait par :
Dr. Ayman Alarmouti
Professeur assistant / Administration des affaires
http://orcid.org/0000-0002-6892-2111
Ayman.alarmoti@khawarizmi.com
Collège international Al Khawarizmi
Al Ain City, Émirats arabes unis
Mme Huda Iqbal et M. Adil Alshezawi
Daté :
2nd jun, 2017

Table des matières

Introduction

Dans ce projet, les chercheurs ont choisi l'Union National Bank (UNB) pour étudier la mise en œuvre de la qualité dans les services. Comment la banque a mis en œuvre le concept de gestion de la qualité totale et les outils de contrôle de la qualité qu'elle a utilisés pour atteindre son niveau actuel de qualité. Le projet a été divisé en trois étapes :

Au cours de l'étape 1, le processus de collecte des données devait être démontré, ce qui nécessitait d'identifier les problèmes à traiter en contactant la banque. La plupart des recherches sur l'UNB ont été effectuées par les chercheurs à partir du site Internet de l'UNB et de ses rapports annuels.

Au cours de l'étape 2, l'application et la description des outils CCQ pertinents (7), à savoir le diagramme des causes et des effets, la feuille de contrôle, l'histogramme, le diagramme de dispersion, l'analyse de Pareto, l'organigramme et le diagramme d'exécution, devaient être démontrées. Les résultats devaient ensuite être justifiés après avoir examiné la logique des données collectées, ainsi que l'application étape par étape des outils de CCQ.

Au cours de la troisième étape, des recommandations ont été proposées, expliquant la logique de la proposition en appliquant les critères des prix d'excellence Sheikh Khalifa.

Le projet a été réalisé sous la forme d'une "résolution de problèmes" pour l'UNB en se concentrant sur l'application des outils TQM et QCC depuis l'identification du problème jusqu'à sa résolution. Enfin, le projet indique certains des principaux défis auxquels la banque est confrontée pour gérer ses relations de fourniture de services.

Objectifs de l'étude

Les principaux objectifs de cette étude sont les suivants :

- Identification d'un problème nécessitant l'attention de l'entreprise de services (UNB).

- Application des outils pertinents du CCQ pour justifier les résultats, ainsi que l'application étape par étape des outils du CCQ.

- Recommandations pour la proposition de nomination de l'UNB pour le prix d'excellence Sheikh Khalifa.

Contexte de l'étude

Il est intéressant de noter que les questions de qualité dans les entreprises ont été à l'origine du développement de nouvelles sociétés et même d'industries, telles que l'American Society for Quality et Six Sigma. Le concept même de qualité dans les entreprises se concentre sur l'augmentation des revenus que les entreprises peuvent gagner si leurs produits et services ne présentent aucun défaut, avec la qualité optimale attendue par les clients. Les erreurs peuvent prendre n'importe quelle forme, comme la production d'un mauvais numéro de pièce, l'envoi de relevés bancaires à des clients qui ont déjà clôturé leur compte ou l'envoi de factures incorrectes à des clients. Au fil du temps, lorsque les erreurs sont répétées, les coûts s'additionnent pour atteindre un montant significatif, de sorte que l'élimination des erreurs peut entraîner des augmentations significatives du résultat net d'une entreprise (Parker, J. R, n.d).

Une entreprise qui réussit sur un marché concurrentiel pendant une longue période a des clients réguliers pour un produit ou un service qui répond ou dépasse les besoins des clients. Si elle répond aux besoins des clients ou les dépasse, elle doit fournir un produit ou un service de qualité et le faire en utilisant de bonnes pratiques commerciales (Parker, J. R, n.d).

Qualité

Il s'agit du degré d'excellence, de la conformité aux besoins, de l'adéquation à l'objectif, de la satisfaction des exigences du client et de l'absence de problèmes et d'erreurs dans ce domaine. La qualité est dans l'œil du client, c'est pourquoi les entreprises doivent fournir des services de qualité pour satisfaire les besoins de leurs clients (Parker, J. R, n.d).

Le coût de la qualité

Il n'est pas rare, dans un secteur de services comme les banques, que le coût de la qualité soit supérieur à 30 % du chiffre d'affaires total. Le coût de la qualité comprend

1. **Les coûts de prévention** - sont un investissement car la prévention des problèmes de qualité rend les entreprises plus fortes.

2. **Coûts d'inspection** - L'inspection du travail du personnel relève de la responsabilité des gestionnaires.

3. **Coûts d'échec** - après que le service a été fourni au client, les coûts doivent être évités. L'échec est le problème de qualité le plus coûteux. Le coût du rappel d'un service fourni de manière inadéquate est extrêmement élevé (Parker, J. R, n.d).

Seul le client peut vérifier la qualité. La qualité consiste à découvrir les besoins du client à un coût accepté à la fois par le client et le fournisseur. Le service de qualité qui est finalement fourni au client externe dépend de la manière dont les relations internes entre le client et le fournisseur sont contrôlées (Parker, J. R, n.d).

Charte du service à la clientèle

Il est important que les employés s'engagent en faveur du service à la clientèle. Toute entreprise doit disposer d'une charte de qualité :

•   Assurer la qualité du service en tenant compte de la satisfaction des clients ;

•   Développer une culture de la qualité totale par le biais du leadership ;

•   Cultiver une approche d'amélioration continue ;

•   Obtenir la reconnaissance des normes internationales reconnues pour les systèmes de qualité ;

•   Encourager les fournisseurs et les employés à accepter la démarche qualité ;

•   Former les employés à la technique de la qualité totale ;

•   Jouer un rôle dans les initiatives d'étalonnage et de mesure des performances (Parker, J. R, n.d).

Systèmes normalisés

ISO 9000 est une série de normes relatives aux systèmes de gestion de la qualité (QMS) élaborées par l'Organisation internationale de normalisation, une association de 132 groupes nationaux de normalisation. Les normes ISO 9000 QMS ne sont pas spécifiques aux produits/services, mais s'appliquent aux procédures qui les créent. Ces normes peuvent être utilisées par les industries manufacturières et de services partout dans le monde. Une entreprise qui souhaite obtenir la certification ISO doit répondre à tous les critères énoncés dans les normes ISO et passer un audit détaillé réalisé par un auditeur ISO. Il est possible d'atteindre le niveau de qualité souhaité au sein d'une entreprise avec un système de qualité bien planifié et sans passer par toutes les étapes supplémentaires de la certification ISO. La norme QS-9000, publiée en 1994, est le dérivé de la norme ISO 9000 pour les fournisseurs de l'industrie automobile. Cette norme de système de gestion de la qualité contient l'ensemble de la norme ISO 9001:1994, ainsi que les besoins spécifiques du secteur automobile et d'autres fabricants d'équipements d'origine (Parker, J. R, n.d).

Assurance qualité

Le client doit être assuré de la qualité du service fourni. La série ISO 9000 fournit aux fournisseurs les procédures permettant d'améliorer un système de gestion de la qualité adéquat, capable d'assurer la qualité du produit/service au client. La version ISO 9001:2000 se concentre sur les questions de gestion de base. Elle est très positive puisque les faiblesses des banquiers ont commencé à apparaître selon la direction. Les entreprises se concentrent sur la planification des activités, la communication et l'image qu'elles représentent au sein de la communauté. Dans la version 2000 de la norme ISO 9001, la direction doit :

- Partager des informations avec leurs clients.
- Contrôler le personnel et les actifs pour respecter les délais.
- Certifier que le personnel comprend ses responsabilités.
- Planifier les opérations pour certifier que les exigences des clients sont satisfaites.
- Former le personnel.
- Fournir un équipement en état de marche.
- Veiller à ce que les fournisseurs respectent les mêmes normes.
- Examiner les procédures pour s'assurer de la conformité du personnel.

La norme ISO9001:2000 offre un cadre idyllique pour la réflexion, l'application et l'observation des questions de gestion des entreprises. Elle est utile pour préparer une charte en vue d'une évaluation injustifiée des processus de l'entreprise (Parker, J. R, n.d).

Mise en œuvre d'un service à la clientèle de qualité

La mise en œuvre d'une initiative de service à la clientèle de qualité comporte trois étapes :

1. Créer un environnement propice à la qualité
2. Améliorer la qualité
3. Améliorer continuellement l'activité (Parker, J. R, n.d).

Système de gestion de la qualité (SGQ)

Il s'agit d'une technique permettant de communiquer aux employés ce qui est nécessaire à la qualité des produits et des services et d'influencer les actions des employés afin qu'ils accomplissent les tâches conformément aux spécifications de qualité (Abahe, n.d.). Un système de gestion de la qualité solide donne une vision aux employés, établit des normes pour les équipes, motive les employés, fixe des objectifs pour les employés, combat l'endurance au changement au sein des entreprises et oriente la culture d'entreprise (Abahe, n.d.).

Histoire du mouvement pour la qualité

Dans les années 1950, W. Edwards Deming a lancé le contrôle statistique des processus (CSP) et les approches de résolution des problèmes. Il a supposé que 85 % de tous les problèmes de qualité étaient imputables à la direction. Pour améliorer la situation, la direction devait prendre l'initiative en fournissant les ressources et les systèmes nécessaires. Les acheteurs doivent comprendre la qualité de tous les produits et services, leurs exigences et les communiquer aux fournisseurs.

Dans un système de qualité bien contrôlé, les acheteurs devraient également être autorisés à travailler en étroite collaboration avec les fournisseurs pour satisfaire ou dépasser les exigences de qualité requises. Selon Deming, l'amélioration du processus du système de gestion de la qualité doit porter sur les causes systématiques d'erreur (mauvaise conception du produit/service, matériaux inadaptés, factures incorrectes et situations physiques défavorables) et sur les causes particulières d'erreur (employés ou équipements individuels, manque de formation, matériaux de mauvaise qualité ou équipements défectueux). Joseph M. Juran, qui a défini la qualité par l'aptitude à l'emploi, la qualité de la conception, la qualité de la conformité, la disponibilité, la sécurité et le terrain, est une autre personnalité qui a joué un rôle important dans l'évolution du contrôle de la qualité. Il a développé une méthode de perception de la qualité dans le cycle de vie du produit/service, de la conception aux relations avec le client (Abahe, n.d.).

Gestion de la qualité totale (GQT)

Il s'agit d'une technique de gestion qui met l'accent sur la qualité dans tous les aspects de l'entreprise. Ses objectifs sont axés sur le progrès à long terme. Elle décompose chaque processus et met l'accent sur chaque fournisseur ou disparate de la qualité. Le rôle de la direction dans la gestion de la qualité totale est d'encourager une approche flexible de la qualité qui doit être adaptée par chaque service, conformément aux objectifs de l'entreprise et aux besoins des clients et des parties prenantes. Après avoir défini la stratégie, elle sert ensuite de force de motivation pour la mettre en œuvre à tous les niveaux de l'entreprise. Elle implique la responsabilisation des employés en créant des équipes départementales et interfonctionnelles chargées de proposer des approches pour résoudre les problèmes de qualité et de formuler des recommandations d'amélioration (Abahe, n.d.).

Six Sigma

Cette technique a été mise en place chez Motorola dans les années 1980 afin de mesurer et d'améliorer les processus de production en grande quantité. Elle a été développée pour mesurer statistiquement un maximum de 3,4 défauts par million. Des entreprises comme Ford et Chrysler ont déclaré que le Six Sigma leur avait permis d'économiser des milliards de dollars. Il améliore les processus en utilisant des outils tels que le contrôle statistique des processus (SPC), la gestion de la qualité totale (TQM) et la conception d'expériences (DOE). Il peut faire partie du développement de nouveaux produits, de la planification des besoins en matériaux (MRP) et du contrôle des stocks juste à temps (JIT). Initialement considéré comme un système applicable uniquement aux entreprises manufacturières, il a récemment été appliqué à des processus non manufacturiers tels que les comptes fournisseurs, la facturation, le marketing et les systèmes d'information, et s'est avéré fructueux. Ses étapes sont les suivantes

- Décomposer le processus en étapes distinctes.

- Définir les défauts.
- Mesurer le nombre de défauts.
- Inspecter la cause première.
- Mettre en œuvre des changements pour améliorer la situation.
- Mesurer à nouveau l'amélioration.
- Vision à long terme des objectifs (Abahe, n.d.).

Rôle des clients dans la détermination de la qualité

L'intégration des clients dans un programme de qualité peut prendre différentes formes, notamment le coût de la perte d'un client, la perception de la qualité par le client et le niveau de satisfaction des clients. Dans les secteurs de services tels que les banques, la qualité est mesurée en termes de taux de fidélisation de la clientèle et de coût de la perte d'un client. Si une méthode comptable typique permettait de détecter le coût absolu de la perte d'un client, il serait facile pour les dirigeants d'allouer le montant absolu des ressources nécessaires à la fidélisation des clients. Au fil du temps, les clients produiront davantage de bénéfices s'ils restent plus longtemps dans la même entreprise. La qualité apparente des clients conduit à des recommandations ; dans les industries de services, les recommandations représentent plus de 60 % des nouvelles affaires. Si une entreprise peut augmenter le nombre de recommandations en améliorant la qualité, elle augmentera considérablement ses revenus (Abahe, n.d.).

Rôle de l'analyse des données et des statistiques dans la détermination de la qualité

L'analyse statistique est le fondement du processus d'amélioration de la qualité. Le contrôle statistique des processus (CSP) est le décideur des systèmes de qualité. Il mesure les systèmes de qualité et permet de les contrôler. L'analyse statistique fournit les mesures nécessaires pour prendre des décisions de gestion. La CSP a été développée par Walter Shewart dans les années 1930. Deming a repris le concept de Shewart et l'a appliqué au SMQ, estimant que la CPS était nécessaire puisque la variation fait partie de tout processus et qu'il était très improbable que deux produits/services produits par la même procédure et le même opérateur soient identiques (Abahe, n.d.).

Rôle des cartes de contrôle dans la détermination de la qualité

Les cartes de contrôle communiquent des informations de manière efficace. Elles impliquent un processus dans lequel tous les résultats doivent se situer à l'intérieur des limites spécifiées. La limite supérieure de contrôle (LSC) et la limite inférieure de contrôle (LIC), ainsi que tous les points situés entre ces deux limites. Si c'est le cas, cela signifie que le processus est géré et exploité correctement.

Rôle de l'audit dans la détermination de la qualité

L'audit permet à toutes les personnes concernées de voir si le système fonctionne correctement et si les buts et objectifs sont atteints. Il motive les employés et permet de les récompenser et de leur témoigner de la reconnaissance. L'audit du SMQ varie d'une entreprise à l'autre. Les entreprises de services ont des systèmes d'audit différents de ceux des entreprises manufacturières, mais le résultat final des systèmes est le même. Voici des exemples de systèmes d'audit utilisés dans des entreprises de services telles que les banques (Abahe, n.d.).

Les clients mystères sont envoyés dans les entreprises pour interagir avec les employés, évaluer la qualité du service et en rendre compte à la direction. Ces rapports sont destinés aux employés (Abahe, n.d.).

Les enquêtes auprès des clients sont utilisées pour savoir comment les consommateurs perçoivent l'entreprise. Obtenir l'avis direct des clients est inestimable et devrait être fait dans chaque entreprise (Abahe, n.d.).

Les nouvelles mesures de la clientèle sont très efficaces pour évaluer les niveaux de qualité. Les clients très satisfaits du service en parleront autour d'eux. 60 % des nouveaux clients des entreprises de services proviennent de recommandations (Abahe, n.d.).

La qualité des services sert de base au système de gestion de la qualité dans l'industrie des services pour évaluer et contrôler le niveau de qualité des services. Pour chaque plainte honnête reçue, il y aura plus de 20 clients qui pensent avoir rencontré des difficultés, et au moins 25 % de ces difficultés pourraient faire l'objet d'une enquête approfondie. Plus de la moitié des clients qui déposent une plainte reviendront si la plainte est traitée et résolue. Si la plainte est traitée rapidement et que le client sent que l'entreprise se préoccupe de ses clients, le chiffre grimpera à 100 %. Si la plainte n'est pas résolue, le client moyen parlera de son expérience négative à plus de huit autres personnes. Si la plainte est déterminée, le client parlera de son expérience positive à au moins cinq autres personnes. En moyenne, il est six fois plus coûteux de gagner un nouveau client que de conserver un client existant (Abahe, n.d.).

Les 7 outils de contrôle de la qualité

Les 7 outils de qualité de base ont rendu l'analyse statistique moins complexe en présentant de bonnes aides visuelles pour rendre les processus statistiques et de contrôle de la qualité plus compréhensibles.

> **Diagramme de cause à effet -**

il organise et montre la corrélation entre les différentes théories et la cause première du problème. En se concentrant sur les raisons possibles d'une obstruction spécifique selon une méthode organisée, le diagramme permet à une équipe de résolution de problèmes d'élucider sa réflexion sur ces causes potentielles et à l'équipe de travailler de manière plus productive à la découverte de la ou des véritables causes profondes. Kaoru Ishikawa l'a inventé et il est également connu sous le nom de diagramme en arêtes de poisson (Stockhoff, 2010).

> **Feuilles de contrôle**

sont utilisés pour collecter et analyser des données. Il s'agit d'un type de graphique ou de diagramme formaté pour permettre de tirer des conclusions immédiates sur les données, en termes de modèles et de tendances.

> **Diagramme de flux**

Il s'agit d'une représentation graphique de la séquence des étapes nécessaires à la production d'un résultat. Il peut s'agir d'un produit, d'un service, d'une information ou d'une combinaison des trois. Les organigrammes favorisent la compréhension des processus, aident à la formation, à l'identification des problèmes et à l'amélioration des perspectives.

> **Histogramme**

est un résumé graphique de la variation d'un ensemble de données. Ils résument graphiquement de grands ensembles de données, en comparant les mesures aux spécifications, en communiquant des informations à l'équipe et en aidant au processus de prise de décision. Dans ce projet, la banque (UNB) utilise les histogrammes pour prendre des décisions importantes.

> **Analyse de Pareto**

Le diagramme de Pareto est un outil utilisé pour établir des priorités, en divisant les effets contributifs en "quelques éléments vitaux" et en "beaucoup d'éléments utiles". Un diagramme de Pareto comprend trois éléments de base : (1) les contributeurs à l'effet total, classés selon l'importance de leur contribution, (2) l'importance de la contribution de chacun exprimée numériquement, et (3) le pourcentage cumulé de l'effet total des contributeurs classés. Les diagrammes de Pareto ne sont pas aussi courants dans les logiciels que d'autres types d'outils d'analyse graphique. Cet outil divise le problème en plus petits morceaux, identifie les facteurs les plus significatifs, montre à l'équipe où se concentrer et permet une meilleure utilisation des ressources limitées.

> **Diagrammes de dispersion**

sont utilisés pour étudier et identifier la relation entre les changements observés dans deux ensembles différents de variables, en utilisant la méthode de régression.

> **Contrôle statistique des processus**

Les processus opérationnels doivent être exécutés dans leurs limites spécifiées afin de respecter les phases de planification et d'optimisation du système de gestion de la qualité. Il met en œuvre des statistiques pour évaluer les disparités au sein d'un processus (événements qui transforment les intrants en extrants finaux). Il permet d'identifier les causes particulières de disparité dans les frontières traitées ainsi que dans les produits finis. Il aide à modérer les disparités en opposant les données de mise en œuvre du processus aux limites calculées sous forme de lignes sur le graphique. Les disparités peuvent être Disparités communes - intrinsèques à la méthode et Disparités spéciales - raison des disparités extrêmes (Stockhoff, 2010).

Prix d'excellence Sheikh Khalifa (SKEA)

La vision de SKEA est de permettre aux personnes et aux organisations d'Abu Dhabi et des Émirats arabes unis d'améliorer leurs performances, leur compétitivité et d'atteindre une position de classe mondiale pour la communauté des affaires dans son ensemble. Sa mission est de travailler collectivement pour offrir tout le soutien indispensable à la communauté des affaires des Émirats arabes unis à Abu Dhabi et aux Émirats arabes unis dans sa poursuite de l'excellence commerciale par une progression plus large, la disparité et la réception des meilleures pratiques mondiales innovantes dans les approches d'excellence et la présentation comme un moyen d'amélioration continue (SKEA, 2015).Le prix d'excellence Sheikh Khalifa (SKEA) a été lancé par la Chambre de commerce et d'industrie d'Abu Dhabi (ADCCI) en 1999. Il s'agit de la première plateforme d'Abu Dhabi à se conformer aux meilleures pratiques mondiales pour la mise en œuvre du modèle d'excellence EFQM. Plus de 10 000 administrations des Émirats arabes unis ont utilisé son modèle et des centaines d'entre elles contribuent chaque année à ses cycles d'évaluation, au cours desquels des dizaines de personnes sont chaque année acceptées comme lauréates des prix SKEA décernés par S.A. le prince héritier d'Abou Dhabi. Il s'agit d'un enthousiaste stratégique qui fournit des méthodes de développement des personnes en matière d'information, de compétences, d'approches et de développement de systèmes par le biais d'une productivité cumulative afin d'obtenir les résultats souhaités (SKEA, 2015).

Les trois catégories du prix SKEA sont les suivantes :

1. SKEA - Catégorie Diamant
2. SKEA - Catégorie or
3. SKEA - Catégorie argent

Le certificat d'appréciation - remis aux candidats de tous les secteurs qui ont progressé vers l'excellence, selon les suggestions des juges. Les secteurs couverts sont les suivants : Industrie manufacturière, services, commerce, construction, finance, tourisme, professions libérales et secteur de la santé (SKEA, 2015).

Étapes de la candidature à SKEA

1. **Améliorer l'engagement - les** cadres supérieurs procèdent à une auto-évaluation et contactent SKEA pour obtenir le formulaire d'inscription, qui est rempli et signé par le PDG de l'entreprise. Les cadres sont formés à l'amélioration continue.

2. **Proposer une auto-évaluation - cette évaluation** est effectuée pour les cadres supérieurs et intermédiaires, où le champ d'application de l'organisation et les limites du groupe sont décidés.

3. **Équipes d'auto-évaluation et de formation -** des équipes sont constituées pour l'auto-évaluation et la formation.

4. **Communiquer les stratégies d'auto-évaluation - le** message et le canal de communication de l'auto-évaluation sont décidés.

5. **Réaliser l'auto-évaluation - la** technique d'auto-évaluation est décidée.

6. **Plan d'action - les** auto-évaluations sont examinées, les tâches sont assignées et le plan d'action est partagé.

7. **Mise en œuvre du plan d'action -** création d'équipes chargées de gérer les progrès et d'allouer les ressources. Gouverner l'exécution (SKEA, 2015).

Modèle d'excellence EFQM

Le modèle repose sur l'hypothèse selon laquelle d'excellents résultats en matière de performance, de clients, de personnel et de société sont obtenus grâce à la stratégie de conduite du leadership, au personnel, aux partenariats et aux ressources, ainsi qu'aux processus, produits et services (SKEA, 2015).

Critères

Facilitateurs 50	Résultats 50%
Leadership - 10	Résultats pour les clients - 15
Stratégie - 10%	Résultats concernant les personnes - 10
Personnes - 10%	Résultats de la société - 10
Partenariats et ressources - 10	< ey Performance Results - 15%
Procédés, produits et Services - 10	

Fondation européenne pour le management de la qualité (EFQM) (SKEA, 2015)

Leadership

Les entreprises excellentes ont des dirigeants qui façonnent l'avenir, en tant que modèles de valeurs et d'éthique. Ils permettent aux entreprises d'assumer et de réagir en temps utile pour prospérer (SKEA, 2015).

Stratégie

Les entreprises excellentes mettent en œuvre leur mission et leur vision en créant une approche axée sur les parties prenantes. Des politiques, des plans, des objectifs et des procédures sont préparés et mis en œuvre pour conduire la stratégie (SKEA, 2015).

Partenariats et ressources

Les entreprises excellentes planifient et obtiennent des partenariats externes, des fournisseurs et des ressources internes pour soutenir la stratégie et les processus. Elles gèrent leur influence sur l'environnement et la société. Les partenaires et les fournisseurs sont gérés de manière à obtenir un avantage durable. Les finances protègent la continuité des résultats. Les constructions, les appareils, les ressources et l'énergie sont gérés en permanence. La technologie est gérée de manière à faire avancer le plan. Les décisions relatives au contrôle de l'information et des données rendent les entreprises positives (SKEA, 2015).

Procédures, produits et services

Les entreprises excellentes gèrent et font évoluer les processus, les produits et les services afin d'intensifier la valeur pour leurs clients et leurs investisseurs. Les processus sont mesurés afin d'améliorer la valeur pour les investisseurs. Les produits/services sont reconnus pour améliorer la valeur pour les clients. Les produits/services sont efficacement soutenus, annoncés, façonnés, transportés et mesurés. Les relations avec les clients sont mesurées et améliorées (SKEA, 2015).

Les personnes

Les entreprises excellentes valorisent leur personnel et génèrent une philosophie pour l'accomplissement des objectifs de l'organisation dans des conditions d'égalité. La justice et l'équité y sont soutenues (SKEA, 2015).

Résultats pour les clients

L'accomplissement des entreprises à partir de leurs clients externes, en établissant des indicateurs de performance, des résultats pour mettre en œuvre une stratégie basée sur les besoins et les attentes de leurs clients. Les entreprises fixent des repères clairs pour les résultats clés en fonction des exigences et des perspectives des clients, conformément au plan (SKEA, 2015).

Résultats pour les personnes

La réalisation d'entreprises pour son personnel, en faisant évoluer les indicateurs de performance et les conséquences du plan de conduite en fonction des exigences et des perspectives de son personnel (SKEA, 2015).

Résultats de la société

La réalisation des entreprises en fonction de la société locale et mondiale, en faisant évoluer les KPI et les résultats pour conduire leur plan sociétal et environnemental selon les souhaits et les perspectives des investisseurs externes (SKEA, 2015).

Principaux résultats

La réalisation des entreprises pour leur présentation délibérée, en faisant évoluer les KPI et les résultats pour conduire leurs plans financiers et non financiers selon les souhaits et les perspectives de leurs principaux investisseurs (SKEA, 2015).

Union National Bank (UNB)

Aux Émirats arabes unis, le groupe Union National Bank comprend : Union Brokerage Company, Al Wifaq Finance Company et Injaz Marketing Management. Il est également présent en Égypte, au Qatar, au Koweït et à Shanghai. Sa vision (2010 - 2018) est d'être la meilleure dans le secteur bancaire des Émirats arabes unis. Sa mission (2013 - 2015) est d'accroître la valeur de l'investisseur et de maintenir la stabilité financière par la créativité, le développement du personnel et l'excellence du service à la clientèle. Ses valeurs fondamentales sont l'orientation client, l'encouragement du personnel, l'honnêteté et la clarté, l'esprit d'équipe, le développement continu, les meilleures pratiques et l'appartenance à une communauté responsable. Elle a été créée en tant que société anonyme publique à Abu Dhabi en vertu d'un décret de l'émir en 1982. C'est la seule banque des Émirats arabes unis dont les actions sont détenues par les gouvernements d'Abu Dhabi et de Dubaï : 60 % par le gouvernement (50 % par le Conseil d'investissement d'Abu Dhabi et 10 % par la Société d'investissement de Dubaï) et 40 % par le public (locaux et expatriés). Elle emploie plus de 1 600 personnes de plus de 30 nationalités différentes (Anjum, 2013).

La prestation de services à l'UNB

L'UNB offre à ses clients un réseau de 63 succursales et 209 guichets automatiques dans les Émirats arabes unis. Les entreprises clientes sont servies par des centres de services bancaires aux entreprises. Ses services sont les suivants : Uninet Internet Banking ; Unicall Telephone Banking (IVR) ; 24x7 Call Centre ; SMS notification service ; Private Banking customers are served by Relationship Managers ; Islamic Banking clients are served by UNB subsidiary Al Wifaq Finance and committed Customer Care Unit controls customer feedback (Anjum, 2013).

Unités opérationnelles de l'UNB

- Banque de détail
- Petites et moyennes entreprises (PME)
- Services bancaires aux entreprises
- Trésorerie et investissements
- Division des institutions financières et des financements structurés
- Division de la banque privée et de la gestion de patrimoine
- Banque islamique (Anjum, 2013)

Participation au prix SKEA à l'UNB

- Engagement de l'encadrement supérieur
- Commencer bien à l'avance - 7 à 8 mois avant la soumission finale
- Constitution d'un comité de pilotage et d'une équipe transversale dirigée par des chefs d'équipe
- Auto-évaluation / Analyse des lacunes
- Évaluer le rapport de retour d'information

- Lacunes en matière de gains rapides et plan d'action pour les plans à long terme
- Évaluation continue du projet de soumission
- Edition finale de l'application et impression
- Planification de la visite du site avec accumulation de faits
- Le comité de pilotage offre des conseils et un soutien

(Anjum, 2013)

Engagement en faveur de la qualité

La direction de l'UNB a mis en place un département dédié à la qualité totale et à l'excellence commerciale (TQ & BE), chargé des fonctions suivantes :

- Mise en œuvre d'un système de gestion intégré comprenant ISO 9001 (SMQ), ISO 14001 (SME), OHSAS 18001 et ISO 10002 (gestion des plaintes) et certifications ISO.
- Soutenir les prix d'excellence des entreprises (comme SKEA) et y contribuer.
- Accords de niveau de service - évaluation, capacité, vérification.
- Normes de service - Déploiement et examen de la conformité.
- Gestion du retour d'information des clients par l'unité d'assistance à la clientèle.
- Soutenir l'implication des employés par le biais de "The

CHALLENGE" - Accord de proposition du personnel.

- Apports prévus aux entreprises et aux groupes de soutien (Anjum, 2013).

Système de gestion intégré (SGI) - Composants à l'UNB

- ISO 9001:2008 (Système de gestion de la qualité)
- ISO 14001:2004 (système de gestion de l'environnement)
- OHSAS 18001:2007 (Système de gestion de la santé et de la sécurité au travail)
- ISO 10002 (Plainte du client)
- ISO 27001 (sécurité de l'information)
- ISO 31000 (Gestion des risques)
- ISO 26000 (Responsabilité sociale)
- Principes généraux reconnus pour accompagner les SMQ (ISO 9001) - comme les SME (ISO 14001), OHSAS 18001 dans la première phase (Anjum, 2013).

IMS - Méthode et livraison

- Une équipe pluridisciplinaire de l'UNB a été reconnue et formée aux normes EMS, OHSAS et ISO.
- Formation de 40 auditeurs internes du système de gestion intégrée.
- Une "analyse des lacunes" a été réalisée à l'échelle de la Banque.
- Registre des aspects et des dangers (risques) compilé pour

chaque succursale, siège et site de l'UNB.

- Manuel IMS et actions connexes, ainsi que 6 processus obligatoires du système de gestion de la qualité.

- Exigences légales et objectifs de l'IMS en matière d'environnement, de santé et de sécurité.

- Test de portabilité des appareils (PAT) pour tous les appareils électriques.

- DSE (équipement pour écran d'affichage) et évaluation des postes de travail.

- Performances en matière d'environnement et de sécurité au travail pour les entreprises.

- Contrôle de la qualité de l'air intérieur par la mesure des "Lux" et du "niveau de bruit".

- Audits internes et externes de l'IMS tous les 6 mois.

- Toutes les succursales font l'objet d'un audit interne IMS au moins une fois par an.

- Toutes les divisions et tous les départements font l'objet d'une visite d'échantillonnage tous les six mois dans le cadre d'audits internes et externes.

- Examens semestriels de la gestion.

- Réduction de la consommation de papier (papier recyclé, impression recto-verso, rapports électroniques).

- Réduction de la consommation d'énergie (lampes à

économie d'énergie, interrupteurs, détecteurs de mouvement, commandes CA).

- Réduction de la consommation d'eau.

- Politique de gestion des déchets et accord avec des fournisseurs externes pour une élimination respectueuse de l'environnement du papier, du plastique, de l'étain, du verre, des toners de déchets électroniques, du matériel informatique, des photocopieurs et des télécopieurs.

- Situations d'urgence (incendie, soins médicaux et prise d'otages) et simulations d'exercices sur les situations d'urgence identifiées.

- Des pompiers et des secouristes formés.

- ISO 22301 (Gestion de la continuité des activités)

- ISO 50001 (Système de management de l'énergie)

- Prix d'excellence commerciale aux Émirats arabes unis : DQA, SKEA, MRM Business Award, prix régionaux et internationaux tels que le prix EFQM.

- Rapports sur le développement durable (GRI 3.1 à GRI 4) (Anjum, 2013).

-

Principales réalisations

- L'UNB a été reconnue dans la liste World Finance 100

pour 2011.

- Première banque commerciale au monde à être certifiée par Lloyd's Register Quality.

- Assurance (LRQA) Ltd. à l'IMS pour 3 normes, ISO 9001, ISO 14001 et OHSAS 18001 pour la banque et ses opérations dans les succursales.

- Classé dans le Top 2 en ce qui concerne le service à la clientèle, d'après les enquêtes d'évaluation de la satisfaction de la clientèle menées par des agences d'études de marché externes réputées.

- Le système de gestion des plaintes de l'UNB est certifié selon les normes ISO 10002.

- L'UNB a remporté le prix d'excellence Sheikh Khalifa (SKEA) dans la catégorie or pour le cycle 2nd consécutif (2009) (Anjum, 2013).

Principaux éléments de durabilité Points	Enjeux
L'attention portée au client	• Un service à la clientèle et une livraison de haute qualité • Produits et services avancés
Se préoccuper de Salariés	• Diversité et émigration • Affectation, satisfaction, formation et développement des employés
Se préoccuper de la société et des partenaires commerciaux	• Planifier un projet communautaire • Présence sociale et connaissances financières • Partenaires commerciaux tactiques et relations solides
Se préoccuper de Environnement	• Des opérations compétentes • Protéger l'environnement en pratiquant une activité bancaire responsable • Registres des risques pour tous les sites
Soins abou Les actionnaires	j - Présentation financière solide et retour des investisseurs - Contrôle rigoureux de la gestion des risques, de la conformité, de la clarté et de la responsabilité

(Anjum, 2013)

Principaux éléments de durabilité Points	Point de vue de l'UNB	Assurance 2012
Se préoccuper de Clients	L'UNB offre des services et des soins de haute qualité à tous ses clients actuels et futurs. Il fournit des produits et services créatifs et prospectifs à long terme en augmentant sa base de clientèle dans les segments actuels et futurs.	Évaluer tous les produits de détail afin de caractériser les perspectives d' incorp oration de produits justifiables. valeurs. S'impliquer avec les entreprises clientes pour maintenir des résultats à long terme.

(Anjum, 2013)

Systèmes de gestion intégrés - L'UNB est la première banque commerciale au monde à être certifiée selon le système de gestion intégré (IMS) comprenant les normes ISO9001, ISO14001 et OHSAS18001. Dans le cadre du développement durable, elle prévoit de contrôler ses systèmes afin d'améliorer ses performances et d'acquérir un avantage concurrentiel en fonction des besoins et des aspirations de ses investisseurs (Union National Bank, 2011).

Leadership - Durabilité et supervision publique pour améliorer la capacité et la clarté de la performance.

Innovation - Travailler avec les investisseurs pour montrer que l'UNB se soucie des autres en faisant évoluer les produits et les services pour la croissance financière tout en se souciant de l'environnement et du bien-être social. Elle favorise la durabilité dans sa chaîne de valeur et dans son travail en donnant aux gens les moyens de rénover des produits durables pour les processus actuels. La banque se concentre sur ses clients en tant qu'investisseurs clés en répondant à leurs besoins, en les engageant dans la croissance et en plaçant de nouveaux produits / services incorporant des avantages financiers avec des avantages environnementaux et sociaux. Elle compte plus de 200 000 clients de détail qui sont servis par son réseau avec un certain nombre d'installations. Environ 37 % des clients de la banque ont une relation de 5 ans avec elle (Union National Bank, 2011).

Produits et services - L'UNB offre une diversité de produits et de services, répondant aux besoins des clients ordinaires et des entreprises. Elle est active dans les domaines suivants : banque de détail, banque d'entreprise, banque des PME, banque immobilière, banque islamique et banque privée pour les clients fortunés, offrant des produits et des services conventionnels et conformes à la charia. Lors du développement de produits/services, la créativité et l'innovation sont prises en considération en tant que technique de croissance des produits. Les commentaires des partenaires internes et externes sont pris en compte pour créer, concevoir et offrir des produits et services uniques qui répondent aux besoins des clients. La banque mène un certain nombre d'enquêtes par l'intermédiaire du département Recherche et développement commercial qui travaille en coordination avec l'équipe de développement de produits pour obtenir le retour d'information des clients. Par exemple, SMART

Account est un compte exquis qui s'attaque au problème de la perte d'emploi inattendue. Il permet au client de choisir une prestation d'assurance de 50 000 AED par mois pendant une période de 12 mois. Le client a également droit à une couverture de 200 000 AED en cas de décès (Union National Bank, 2011).

Outil de contrôle de la qualité à l'UNB - Histogrammes

La banque (UNB) utilise des histogrammes pour prendre des décisions importantes.

Création d'un histogramme

1. Compter le nombre de points de données

180	30	190	380	330	140	160	270	10	90
10	30	60	230	90	120	10	60	250	150
-130	270	170	130	-60	-80	180	100	110	200
260	190	-100	150	210	140	-130	130	150	370
160	180	240	260	-20	-80	30	80	240	130
210	40	70	-70	250	360	120	-60	-30	200
50	20	30	280	410	70	10	20	130	170
140	270	-40	290	90	100	-30	340	20	60
210	130	360	250	-20	230	180	130	-30	210
-30	80	270	320	30	340	120	100	20	70
300	260	20	40	-20	250	310	40	200	190
110	-30	50	240	160	50	130	200	280	60
260	70	100	140	80	190	100	270	140	80
110	130	120	30	70					

TOTAL = 135

2. Résumer sur une feuille de pointage

DATA	TALLY	DATA	TALLY	DATA	TALLY	DATA	TALLY	DATA	TALLY
-180	1	20	3	90	2	190	4	290	1
-130	2	-10	2	100	5	200	4	300	1
-100	1	10	2	110	3	210	4	310	1
-90	1	20	5	120	4	220	2	320	1
60	2	30	6	130	8	230	2	330	1
-70	1	40	3	140	5	240	4	340	1
-60	1	50	4	150	2	250	4	350	1
-50	1	60	2	160	2	260	4	360	1
-40	1	70	5	170	2	270	3	370	1
-30	6	80	5	180	6	280	2	380	1
								410	1

3. Calculer l'intervalle
4. Déterminer le nombre d'intervalles
5. Calculer la largeur de l'intervalle
6. Déterminer les points de départ des intervalles

7. Compter le nombre de points dans chaque intervalle

INTERVAL NUMBER	STARTING VALUE	INTERVAL WIDTH	ENDING VALUE	NUMBER OF COUNTS
1	180	60	-120	3
2	-120	60	-080	5
3	-060	60	000	13
4	000	60	060	20
5	060	60	120	22
6	120	60	180	24
7	180	60	240	20
8	240	60	300	18
9	300	60	360	8
10	360	60	420	4

Equal to or greater than the STARTING VALUE   But less than the ENDING VALUE

8. Tracer les données

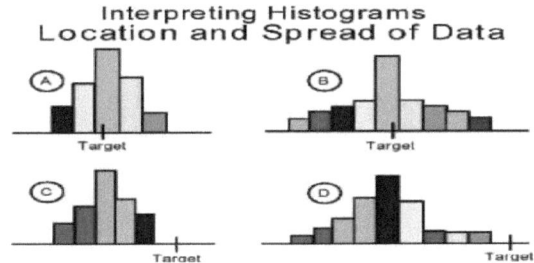

Interpreting Histograms
Location and Spread of Data

9.

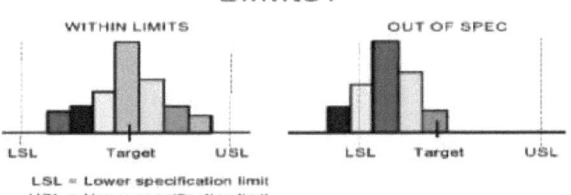

Interpreting Histograms
Is Process Within Specification Limits?

WITHIN LIMITS   OUT OF SPEC

LSL = Lower specification limit
USL = Upper specification limit

(7 outils de qualité, 2015)

La Banque dispose d'une unité de service à la clientèle dévouée et d'une unité de recherche et d'affaires.La division "Développement" mène régulièrement des enquêtes de satisfaction auprès de la clientèle et surveille les réactions des clients au moyen de divers outils tels que les enquêtes "client mystère".

Soins et satisfaction de la clientèle

Afin de façonner, de préserver et d'améliorer ses relations et sa connaissance de ses clients, des enquêtes indépendantes de satisfaction de la clientèle sont régulièrement menées pour chaque groupe d'activité de l'UNB. Par exemple, en 2011, l'UNB a atteint un pourcentage de satisfaction totale de 87 % parmi ses clients de détail et de 82 % parmi ses clients de la banque d'entreprise.

	2009	2010	2011
Retail Banking customer satisfaction	85%	88%	87%
Corporate banking customer satisfaction	81%	79%	82%

L'unité de service à la clientèle de l'UNB offre aux clients différents moyens d'exprimer leurs points de vue ou de soumettre des questions par le biais de téléphones et d'adresses électroniques dédiés. Elle encourage également les clients à exprimer leur opinion au moyen des formulaires de retour d'information "Viewpoint" disponibles dans toutes les succursales. Toutes les plaintes reçues font l'objet d'une enquête afin d'en connaître la cause principale et de prendre des mesures correctives et préventives. Les rapports obligatoires sont présentés régulièrement aux responsables concernés et des plans d'action sont élaborés pour traiter les domaines à développer dans les délais impartis. Son processus de résolution des plaintes est exclusif, car toutes les plaintes résolues font l'objet d'une approbation souveraine. Si le client n'est pas entièrement satisfait de la réponse, le dossier est rouvert pour examen. Le système de gestion des plaintes de l'UNB est certifié selon les normes ISO10002. L'UNB dispose également d'un plan de continuité des activités (BCP) et d'un site de reprise après sinistre. Les tests du PCA sont effectués chaque année à partir du site PCA pour s'assurer que les activités critiques reconnues peuvent être menées et que les clients peuvent être servis sans incident à partir d'un site non conventionnel en cas d'indisponibilité des locaux principaux (Union National Bank, 2011).

Partie prenante	Partie prenante Besoins	Méthode de Engagement	Comment l'UNB se préoccupe de l'avenir
L'UNB Clients	Produits et services avancés	Enquêtes et recherches sur la satisfaction des clients	Un excellent service à la clientèle
	Des canaux bancaires de substitution et adaptables	Visites de clients mystères	Rapports d'enquête sur le retour d'information et la satisfaction des clients, utilisés pour la planification tactique et la planification au niveau de l'entreprise
	Un service de haute qualité	Extension du réseau d'agences et de guichets automatiques	Réunions régulières de la direction de l'UNB et des clients
	Accès simplifié aux prêts aux projets, aux entreprises et aux particuliers	Centre d'appel 24x7, site web, courriels, fax et visite en personne.	Visites de clients mystères
		Réunions de la direction de l'UNB et des clients	Produits / services conformes à la charia

(Union National Bank, 2011)

Conclusion

Dans un secteur concurrentiel, c'est une erreur de rester immobile et de donner aux concurrents l'occasion de dépasser votre organisation. C'est pourquoi la qualité est un voyage et non un objectif. Il s'agit d'un processus continu et sans fin. L'utilisation de la norme ISO 9001:2000 et l'intégration d'une charte de service à la clientèle dans les pratiques commerciales courantes constituent un cadre idéal pour prouver aux clients que l'entreprise leur accorde de l'importance et souhaite leur fournir le meilleur produit ou service possible.

L'Union National Bank s'efforce d'accroître sa clientèle et, pour ce faire, elle façonne, préserve et renforce ses relations et sa connaissance de ses clients en réalisant régulièrement des enquêtes indépendantes de satisfaction de la clientèle pour chaque groupe d'activité de l'UNB.

La Banque dispose d'une unité de service à la clientèle et d'une division de recherche et de développement commercial qui mènent régulièrement des enquêtes de satisfaction auprès de la clientèle et contrôlent les réactions des clients à l'aide de divers outils tels que les enquêtes mystères. L'unité d'assistance à la clientèle de la

Banque offre aux clients différents moyens d'exprimer leur point de vue ou de soumettre des questions par le biais de téléphones et d'adresses électroniques dédiés. Elle encourage également les clients à exprimer leur opinion au moyen des formulaires de commentaires "Viewpoint" disponibles dans toutes les succursales. Toutes les plaintes reçues font l'objet d'une enquête afin d'en connaître la cause principale et de prendre des mesures correctives et préventives. Le système de gestion des plaintes de l'UNB est certifié conforme aux normes ISO10002.

Références

7 Outils de qualité. (2015). *7 outils de qualité.* Extrait de http://www3.ha.org.hk/qeh/wiser/doc/7bqt.pdf

Abahe. (n.d.). *Systèmes de gestion de la qualité : Chapitre 14 .* Extrait de http://www.abahe.co.uk/business-administration/Quality- Management-Systems.pdf

Anjum, T. (2013). *Implementing Integrated Management System to Drive Business Excellence (Mise en œuvre d'un système de gestion intégré pour favoriser l'excellence commerciale).* Extrait de Share Best Practice Conference & Exhibition 2013.

Parker, J. R. (n.d). *Qualité et pratiques commerciales .* Extrait de https://www.fig.net/pub/proceedings/korea/full-papers/pdf/session12/parker.pdf

SKEA. (2014). *SKEA : Secteurs.* Récupéré de Sheikh Khalifa Excellence Award :
http://www.skea.ae/English/AboutAward/Pages/Sectors.aspx

SKEA. (2015). *Critères - Résultats pour les clients.* Extrait de Sheikh
Prix d 'excellence Khalifa :
http://www.skea.ae/English/Criteria/Pages/Customer-Results.aspx

SKEA. (2015). *Critères - Résultats de performance clés.* Extrait de Sheikh KhalifaExcellenceAward

:

http://www.skea.ae/English/Criteria/Pages/Key-Performance-Results.aspx

SKEA. (2015). *Critères - Partenariats*. Extrait de Sheikh Khalifa Prix d'excellence   :
http://www.skea.ae/English/Criteria/Pages/Partnerships.aspx
SKEA. (2015). *Critères - Personnes*. Extrait de Sheikh Khalifa Prix d'excellence   :
http://www.skea.ae/English/Criteria/Pages/People.aspx
SKEA. (2015). *Critères - Résultats pour les personnes*. Extrait de Sheikh Khalifa
Prix d'excellence   :
http://www.skea.ae/English/Criteria/Pages/People-Results.aspx
SKEA. (2015). *Critères - Processus*. Extrait de Sheikh Khalifa Prix d'excellence   :
http://www.skea.ae/English/Criteria/Pages/Processes.aspx
SKEA. (2015). *Critères - Résultats de la société*. Récupéré de Sheikh Khalifa
Prix d'excellence   :
http://www.skea.ae/English/Criteria/Pages/Society-Résultats.aspx
SKEA. (2015). *Critères - Stratégie*. Extrait de Sheikh Khalifa Prix d'excellence   :
http://www.skea.ae/English/Criteria/Pages/Strategy.aspx
SKEA. (2015). *Critères : Leadership*. Extrait de Sheikh Khalifa Prix d'excellence   :
http://www.skea.ae/English/Criteria/Pages/Leadership.aspx
SKEA. (2015). *SKEA : Critères*. Extrait de Sheikh Khalifa

Excellence

Prix : http://www.skea.ae/English/Criteria/Pages/Default.aspx

SKEA. (2015). *SKEA : Comment postuler.* Récupéré de Sheikh Khalifa Excellence Award : http://www.skea.ae/English/The-Award- Office/Pages/How-to-Apply.aspx

SKEA. (2015). *SKEA : Introduction.* Récupéré de Sheikh Khalifa ExcellenceAward : http://www.skea.ae/English/AboutAward/Pages/Introduction.a spx

SKEA. (2015). *SKEA : Vision et mission.* Extrait de Sheikh Khalifa ExcellenceAward : http://www.skea.ae/English/AboutAward/Pages/VisionAndMiss ion.aspx

Stockhoff, B. (2010). CHAPITRE 18 - Outils de base pour concevoir, contrôler et améliorer les performances. Dans J. Juran, *Juran's Quality Handbook : The Complete Guide to Performance Excellence.* New York : McGraw-Hill Professional.

Union National Bank (2011). *Union National Bank Sustainability Report2011* , extrait de http://www.unb.co.ae/English/SustainRpt2011.pdf

Printed by Books on Demand GmbH, Norderstedt / Germany